DE L'ARISTOCRATIE

EN FRANCE.

DE L'AVENIR

DES NATIONALITÉS DE L'EUROPE.

(5)

IMPRIMERIE DE H. FOURNIER,
RUE DE SEINE, N° 14.

DE L'ARISTOCRATIE EN FRANCE.

DE L'AVENIR DES NATIONALITÉS DE L'EUROPE.

PAR M. R.....

PARIS,

HOUDAILLE, LIBRAIRE,

RUE DU COQ SAINT-HONORÉ, N° 11.

1834.

DE L'ARISTOCRATIE

EN FRANCE.

Un fait incontestable et de la plus haute importance c'est le morcellement progressif et rapide des grandes propriétés en France, et par conséquent l'affaiblissement de l'aristocratie territoriale.

En 1826 le gouvernement proposa une loi pour conserver, pour recréer cette aristocratie ; il s'agissait tout simplement de rétablir le droit d'aînesse et les substitutions ; et en effet, libéraux et ministériels étaient unanimes à reconnaître dans l'égalité des partages la véritable cause du morcellement des propriétés.

Et cependant cette opinion générale n'est-elle pas une erreur?

Cette égalité dans les partages, depuis combien de temps existe-t-elle ? — Depuis quarante-trois ans. — Par quel enchantement un ou deux partages égaux auraient-ils fait disparaître la plupart des grandes fortunes ?

D'ailleurs ne croirait-on pas en vérité que depuis ces quarante-trois ans tous les riches propriétaires ont eu chacun une dizaine d'enfans ?

Le bon sens me disait : lorsque dans une famille il n'y a qu'un enfant qui se marie et se perpétue la fortune s'agglomère puisqu'une seule tête recueille deux successions, celle du père et celle de la mère ; deux enfans conservent la fortune telle qu'elle est, puisqu'ils héritent de deux successions; trois enfans ou plus morcellent la propriété. Il faut donc rechercher si le morcellement par les familles de trois enfans ou plus n'est pas compensé par l'agglomération qui résulte des fils ou filles uniques.

J'ouvris alors l'Annuaire du bureau des longitudes, et je vis qu'en France il vient au monde un peu moins de quatre enfans légitimes par mariage et qu'à vingt et un ans il en est mort plus de la moitié. Dès lors il est de la dernière évidence que chaque famille, à les considérer dans leur ensemble, n'a pas plus de deux enfans qui se marient et se perpétuent ; comment donc les fortunes des classes élevées, qui généralement ont moins d'enfans que les paysans, pourraient-elles se morceler par l'égalité des partages ?

Et sous l'empire de la même loi de succession et malgré le plus grand nombre de leurs enfans, les paysans n'ont-ils pas incontestablement augmenté leur patrimoine ?

Quelle est la cause de cette diminution de la fortune territoriale du riche, de cette augmentation de la fortune territoriale du pauvre?

La cause? Elle est dans les mœurs de ces deux classes de la société.

Parmi les propriétaires vivant de leurs revenus, le luxe est en progrès : on ne veut plus vivre avec simplicité dans une campagne, mais briller dans une ville; luxe d'ameublement, de domestiques, de voitures, de toilette, d'éducation ; on se rend esclave de mille besoins factices et dispendieux, et on est arrivé à dépenser le jour d'un mariage, en futilités et en chiffons, deux, trois, quatre années de son revenu, c'est le sublime du beau genre. Avec cette manière de vivre il faut beaucoup d'argent ; mais un propriétaire foncier éprouve souvent des embarras ; les impôts sont accablans, les réparations des bâtimens ruraux exigent des sommes considérables, les droits de mutation à chaque génération enlèvent la totalité du revenu au moins une année sur vingt, une grêle ou une inondation vous forcent à faire des remises au fermier, un procès inévitable fait passer une partie du fermage dans les coffres du fisc et des gens d'affaires, un incendie ou la guerre vous obligent à envoyer de l'argent dans un domaine au lieu d'en recevoir.

Voilà donc le propriétaire aux prises avec le luxe qui exige impérieusement de l'argent, et avec son bien qui ne lui donne qu'un revenu insuffisant.

Que faire cependant? Retourner à la campagne, vivre plus modestement? fi donc! et mon fils qu'il faut placer, et ma femme qui s'ennuierait, et mes filles qu'il faut marier! alors on s'ingénie pour augmenter son revenu; on demande une place quelle qu'elle soit, pourvu qu'elle rapporte de l'argent : mais cette place vous éloigne encore plus de vos propriétés négligées, vous engage davantage dans vos goûts de dépense; ou bien on avance de l'argent pour des entreprises, des spéculations dont le succès sera infaillible et immense, mais presque toujours ces entreprises échouent. Au bout de quelques années on s'aperçoit que pour faire comme les autres, on a mangé une partie de sa fortune, mais les habitudes sont prises, il faut continuer.

Autour du château ou du manoir abandonnés vivent de nombreux paysans; leur travail est opiniâtre, leur économie extrême, leur désir d'acquérir des propriétés une passion de tous les jours; ils sont prêts à acheter en détail les domaines du gros propriétaire, et, à la sueur de leur front, ils les lui paieront cher, très-cher. Celui-ci hésite quelque temps, c'est un bien de famille, il y tient encore; mais d'une propriété, par exemple, qui rapporte à peine mille écus net, on lui offre cent, cent cinquante, peut-être deux cent mille francs; mais il s'y ennuie quand il y va, mais il lui faut de l'argent; il cède enfin : un domaine, puis un second, puis un troisième, sont vendus; cinquante, cent, deux cents paysans doublent, triplent leurs patrimoines, et le propriétaire malaisé devient un riche rentier; sa femme est enchantée, sa fille brille et se marie, mais ses arrière-petits-fils n'auront pas le sou.

Ainsi se fait le morcellement des propriétés. Depuis douze ans il a passé plus de domaines entre les mains des paysans que dans tout le cours de la révolution, alors qu'on leur distribuait presque pour rien des champs confisqués. Et un domaine une fois vendu en détail est immobilisé dans leurs mains, il est presque impossible qu'un riche propriétaire le rachète jamais; et la vente en détail d'un domaine dans un village en amène infailliblement une autre, parce que les paysans paieront le second bien plus cher que le premier, parce que le propriétaire trouvera d'excellens acquéreurs et point de bons fermiers.

Croit-on que la loi sur le droit d'aînesse aurait empêché ce morcellement des propriétés?

Elle n'aurait pas empêché presque tous les propriétaires de dépenser plus que leurs revenus, les capitaux immenses et toujours croissans engagés dans les rentes sur l'Etat et dans le commerce, de rapporter le double des biens fonds, et les paysans d'être économes et passionnés pour la propriété; eh bien! alors les ventes en détail auraient eu lieu avant comme après cette loi; elle aurait même hâté les ventes parce que les cadets, accoutumés à un genre de vie, n'auraient pu le continuer qu'en vendant en détail et très-cher leur portion diminuée. La loi des substitutions qui a été adoptée n'empêchera pas davantage le morcellement des propriétés : elle l'empêcherait sans doute si la loi déclarait elle-même inaliénables les propriétés considérables, mais une pareille loi est impossible; avec nos mœurs les substitutions permises seront très-rares, et d'ailleurs comme on ne peut substituer qu'une partie de sa fortune, le grevé de substitution vendra le reste s'il le veut.

Qui ne sait que sous l'ancien régime la haute noblesse, avec les droits d'aînesse et les substitutions, se ruinait continuellement, et qu'il lui fallait des mariages d'argent pour n'être pas réduite à n'avoir plus que la cape et l'épée?

Si l'aristocratie territoriale diminue par le morcellement des propriétés, elle s'affaiblit aussi parce qu'elle a des mœurs et des idées qui détruisent son influence.

Pour l'aristocratie il faut le temps qui donne la considération héréditaire, et la noblesse de conduite et de sentimens qui donne la considération personnelle. Or la lèpre de l'amour de l'argent attaque la plupart des grands propriétaires; ils sont prêts à courir après cet argent, fallût-il abandonner le pays qui les a vus naître et où leur nom est connu et honoré; ils vendraient leur noblesse si elle se vendait cher, et ils sont toujours disposés à épouser la fille d'un fripon pourvu qu'il ait su éviter de se brouiller tout-à-fait avec la justice et qu'il ait beaucoup volé.

Point d'aristocratie sans indépendance. Mais il semble qu'on soit fatigué de vivre libre, sans rien devoir, sans rien demander à personne; la France entière veut des places hautes, moyennes ou basses; c'est une épidémie; passe encore pour le pauvre diable qui n'a pas de pain et trop de vanité pour travailler à la terre; mais l'élite de la société en est attaquée. Si on désirait au moins des fonctions donnant une influence et une considération véritable, vous mettant en position de déployer du talent, de vous illustrer; mais il faut des places quelles qu'elles soient. N'avons-nous pas vu des vicomtes dans des bureaux de tabac, des comtes dans les droits réunis, et des marquis dans la petite poste? Heureusement la révolution de juillet a renvoyé dans leurs propriétés bon nombre de fonctionnaires qui n'auraient pas dû les quitter. La restauration par ses

faveurs a fait plus de mal à l'aristocratie que cette révolution par sa défiance et sa haine (1).

Point d'aristocratie territoriale influente si les propriétaires ne sont connus et appréciés des paysans :
or les fonctionnaires sont presque tous placés loin
de leurs propriétés, et les paysans ne savent qu'ils
sont au monde que parce qu'ils tirent des villages
tout l'argent de leurs fermages pour le dépenser ailleurs ; quant aux propriétaires non fonctionnaires, la
plupart habitent Paris ou d'autres villes et font de
même. Et vous vous étonnez que les paysans ne vous
soient pas dévoués, eux que vous ne considérez que
comme des machines destinées à vous procurer toutes
les jouissances de la vie !

Point d'aristocratie sans services rendus et sans énergie. Mais les propriétaires riches n'ont pas le cœur assez haut pour penser que leur fortune les appelle à
remplir une grande mission dans la société : la fortune
pour eux est tout simplement de l'argent. Quand ils
ont goûté de tous les plaisirs que donnent dans une
grande ville la servilité et la bassesse, remporté quelque triomphe de société dans un brillant salon, ébloui
les sots par un titre souvent usurpé, charmé les amis
de la maison par un talent d'amateur, et fait un voyage
dans la Suisse et l'Italie, ils s'imaginent avoir bien
mérité de la patrie. Le genre humain ne leur doit-il pas
en effet des actions de grace pour s'être donné la peine

____

(1) Je ne connais qu'une seule loi de la restauration qui ait été favorable à la conservation de l'aristocratie territoriale. — Devinez. — C'est
la loi des postes, qui en établissant un service régulier jusque dans le plus
petit village, a ôté au séjour de la campagne son plus grand désagrément.

de naître et de faire un si beau, si utile usage de la fortune de leur père? Il serait merveilleux qu'avec ces habitudes de luxe, de mollesse, de monde à part, on fût capable d'exercer quelque influence sur des hommes endurcis aux fatigues, dont les besoins et les nécessités de la vie sont presque l'unique affaire. Il ne serait pas moins merveilleux qu'avec de pareilles idées et de pareilles habitudes, on voulût, pour soutenir une bonne institution ou une bonne cause, risquer son cher repos, sa tranquillité si désirée, ses jouissances si indispensables. Les ames sans énergie sont bonnes pour la servitude, mais non pour le commandement.

La vanité toutefois a survécu à l'orgueil, les petites passions aux grandes : la plupart des anciens grands propriétaires ont une vanité qui les fait détester des classes moyennes, et ils n'ont pas su conserver la dignité des sentimens, la vigueur du caractère, le mépris pour l'argent mal acquis, qui auraient pu leur inspirer du respect.

Pendant tout le dix-huitième siècle les lois protégeaient fortement l'aristocratie, mais les mœurs la détruisaient. La révolution est arrivée et les paysans ont chassé leurs seigneurs parce qu'ils ne vivaient plus au milieu d'eux, parce qu'ils s'étaient isolés, qu'ils avaient détruit eux-mêmes leur puissance morale; entre les seigneurs et les paysans il n'y avait plus que des rapports d'argent. Dans l'ouest de la France seulement l'aristocratie conserva son influence parce qu'elle vivait avec le peuple et ne s'était point dégradée par le culte de l'or.

Ainsi l'aristocratie territoriale en France perd toute

influence par ses mœurs , et ses mœurs, en la forçant
à vendre ses propriétés, la détruisent entièrement.

Si l'impulsion donnée ne s'arrête pas, presque tous
les propriétaires , cédant à l'appât irrésistible des ventes en détail à un prix exorbitant et à la nécessité de
faire des dépenses supérieures à leurs revenus, deviendront des rentiers , et dans un avenir assez prochain
presque tout le sol sera morcelé entre une multitude
innombrable de paysans cultivateurs : grande, immense révolution sociale qui s'opère chaque jour sous
nos yeux , révolution bien plus importante que celle
des trois journées, que celle de 89 , révolution qui ne
s'est jamais vue dans le vieux monde , car jamais chez
aucun peuple le sol n'a été la propriété presque exclu-
sive des bras qui l'ont cultivé.

Mais j'entends les partisans les plus modérés de cette
révolution sociale s'indigner contre l'idée qu'on puisse
la craindre ou la blâmer ; voici les avantages immenses
qui doivent en résulter , je les laisse parler :

« L'homme riche qui ne voit la misère que dans la rue
« sous la forme d'un mendiant auquel il donne un sou en
« détournant la tête, ne veut pas savoir ce que l'appa-
« rence de la prospérité publique cache de misère pro-
« fonde. Nous ne parlons pas seulement de ces millions
« d'hommes qui, dans les années désastreuses, sont en
« proie aux douleurs du froid et de la faim, mais nous
« parlons du spectacle habituel du monde lorsqu'on
« veut voir. Sur cent hommes il y en a quatre-vingt-
« dix-neuf pour qui la littérature, les arts, le luxe, les
« rêveries politiques, tout ce qui fait l'homme comme
« il faut, n'est rien, mais le soin de pourvoir aux né-
« cessités de la vie, la grande, presque l'unique af-

« faire : toutes les utopies viennent se heurter là et s'y
« briser. Combien ensuite de malheureux qui n'ont
« que leurs bras pour nourrir, vêtir, chauffer, loger,
« eux, une femme, des enfans, souvent une vieille
« mère! Le moindre accident, une maladie de quelques
« jours, réduisent la famille à la dernière détresse.
« Combien de vieillards, d'infirmes, d'enfans aban-
« donnés, toujours à la veille de manquer de pain! Et
« cette misère relâche les liens de famille, détruit la
« paix et la chasteté du mariage, le respect filial, la
« probité. Les enfans abandonnent leurs vieux parens
« pour chercher un sort meilleur, les filles sont expo-
« sées à toutes les séductions; les maisons de débau-
« che, les hospices d'enfans trouvés, les prisons sont
« peuplées par la misère. Spectacle douloureux, source
« empoisonnée de plus d'une noble tristesse !

« Des rêveurs ont imaginé, comme remède à tant
« de maux, la communauté des biens. Mais vouloir
« détruire la propriété en Europe est absurde; toutes
« les idées, tous les préjugés s'y opposent. Et d'ail-
« leurs si on pouvait exécuter ce projet qu'arriverait-il?
« les propriétaires héréditaires du sol, stimulés par
« un puissant intérêt personnel, ont pu seuls cultiver
« les terres avec autant de soin et leur faire rapporter
« de quoi nourrir autant d'hommes : si les terres ap-
« partenaient au public mais à personne, elles seraient
« bientôt mal cultivées, et la moitié de l'Europe mour-
« rait de faim. D'ailleurs ce serait un singulier moyen
« de rendre les hommes meilleurs et plus heureux que
« de commencer par détruire tous les sentimens de
« probité par une spoliation universelle. Le remède
« n'est pas là.

« Mais cette misère qui cause tant de maux , de dou-
« leurs, d'avilissement des ames, voyez comme elle
« est combattue autant qu'elle peut l'être par le mor-
« cellement des propriétés qui s'opère rapidement mais
« sans ébranler une seule vertu , une seule bonne qua-
« lité , un seul sentiment honnête , mais en les forti-
« fiant tous. Le manœuvre qui n'avait que son bras
« devient un autre homme en devenant propriétaire ;
« la misère le rendait paresseux, rampant, débauché,
« la propriété le rend travailleur infatigable, économe;
« rangé ; il ne craignait pas de léguer sa misère à une
« nombreuse postérité , il pense maintenant avant tout
« à l'élever et à lui laisser de quoi vivre ; la propriété
« le rend plus heureux, plus moral, plus sociable,
« plus fier, plus religieux.

« Un prolétaire n'a rien à perdre dans un boulever-
« sement politique et croit y gagner, souvent c'est un
« homme dangereux ; le petit propriétaire est tran-
« quille parce qu'il est occupé et qu'il craindra autant
« de perdre son champ que le roi sa couronne. Qu'on
« se rappelle les excès des anciennes armées licenciées,
« et qu'on mette en comparaison les licenciemens des
« armées de Napoléon ; les soldats des grandes com-
« pagnies n'avaient ni feu ni lieu ; les soldats de la
« Loire avaient presque tous un toit paternel. —
« Quelle différence entre les paysans dévastateurs et
« incendiaires de la première révolution et les paysans
« tranquilles et laborieux de la révolution de 1830 ,
« et cependant à la seconde comme à la première on
« chantait la *Marseillaise !*

« Et cette augmentation du nombre des proprié-
« taires n'est-elle pas le complément de la plus grande

« pensée qui ait été conçue pour le bonheur du genre
« humain, de cette pensée divine qui a fait tomber
« les fers de l'esclavage?

« Aucun des philosophes de l'antiquité ne s'était
« élevé contre l'esclavage, presque tous au contraire
« le regardaient comme une fatale nécessité, et les gou-
« vernemens comme impossibles avec la liberté de
« tous. — Quelques siècles ont passé, et voilà que tous
« les hommes dans une vaste contrée sont libres, et
« que le gouvernement est plus facile que dans l'anti-
« quité. — Aujourd'hui des politiques pensent que le
« gouvernement deviendrait presque impossible et le
« genre humain plus malheureux si tous les hommes
« étaient propriétaires : n'est-ce pas un vain présage?

« L'avenir doit-il tant nous effrayer lorsque la pro-
« priété, en devenant le partage de presque tous les
« hommes, en rendra un si grand nombre plus heu-
« reux et meilleurs? — Admirable marche du temps !
« Les esclaves se sont changés en serfs, les serfs en
« hommes libres mais prolétaires; ils deviennent main-
« tenant propriétaires et citoyens. Grand et immense
« mouvement social qui pousse les hommes à un état
« plus digne d'eux et de leur créateur! »

Sans doute, l'augmentation du nombre des propriétaires a de grands avantages, je l'avoue, je le proclame
hautement; mais le morcellement des propriétés arrivé
à sa dernière période, mais complet, n'aurait-il pas
d'immenses inconvéniens?

Si, dans les campagnes, il n'y avait plus que des
propriétaires ayant bien juste de quoi vivre avec leurs
quelques arpens de terre et le travail de leurs bras,
l'agriculture ne serait-elle pas condamnée à une éter-

nelle routine ? comment connaîtraient-ils les nouvelles méthodes destinées à améliorer la culture? Comment oseraient-ils, pour une espérance de gain très-incertaine à leurs yeux, risquer en expériences une partie de leur modique fortune qui leur est absolument indispensable pour vivre? Ils ne feront aucun progrès s'ils n'ont près d'eux un propriétaire assez riche pour lire, étudier, faire des avances d'argent et montrer par le succès de deux, trois, quatre années, que telle ou telle culture augmente la valeur et les produits de la terre.

L'accroissement de la richesse de la France serait donc paralysé dans sa source. L'existence même de l'Etat serait compromise.

Sans doute la classe des cultivateurs gagnerait beaucoup au morcellement complet des propriétés rurales; mais toutes les autres n'y perdraient-elles pas prodigieusement sous le rapport matériel et sous le rapport moral? Les campagnes seront tranquilles, je l'admets; mais peuplées de paysans disséminés et ignorans, elles n'auront aucune influence sur le gouvernement de l'État, et lorsqu'on aura concentré dans les villes toutes les activités turbulentes, toutes les ambitions, toutes les passions violentes, toutes les misères et toutes les richesses mobiliaires, croit-on que l'on pourra se promettre de la fixité dans l'existence, les principes, la marche du gouvernement, de la tranquillité dans l'Etat, de la sécurité pour les individus, une liberté sage et assurée? Et avec cette fièvre sociale, ces villes où tout sera changeant et mobile comme l'argent, ces élemens de discorde, comment espérer de la dignité, de la suite, de la fermeté dans les relations avec les puissances étrangères? de grandes entreprises, de vastes projets, de la force, de l'avenir en un mot? Alors ce bonheur même des paysans sera compromis, leur moralité sera détruite par la corruption toujours croissante des villes, et le pays tombera dans un état d'anarchie et d'avilisssement qui rendra misérables toutes les classes de la société.

D'un autre côté, avec cette division du sol et les fortunes d'argent si éphémères, tout le monde sera forcé de travailler pour vivre, les uns à la terre, les autres dans le commerce. Plus de classe ayant du loisir et de l'indépendance et pouvant se livrer aux travaux de l'esprit. Alors que deviendront les nobles et beaux caractères, les arts, la littérature, les sciences politiques et morales? La tête de la société sera morte, il ne restera plus que les bras. Les hommes courbés tous vers la terre, ne pensant qu'à leurs moyens d'existence, ne tomberont-ils pas dans une espèce de barbarie ignoble? Ne seront-ils pas la honte de l'Europe et le jouet des nations étrangères dirigées par une volonté concentrée, aussi forte qu'éclairée?

Oui, j'en suis convaincu, pour la gloire de la France, pour le bonheur du plus grand nombre possible de Français, il faut des propriétaires riches. Je voudrais sans doute que chaque paysan eût un champ, mais qu'il se trouvât près de lui un propriétaire vivant de ses revenus honorablement et avec indépendance ; je voudrais en un mot la réunion des avantages de la grande et de la petite propriété.

Pour conserver, pour recréer cette aristocratie utile, nécessaire, qu'on n'aille point invoquer le secours des lois, elles seraient impuissantes ; mais que cette aristocratie se fasse elle-même.

Point de luxe. Le luxe à lui seul a détruit l'aristocratie féodale plus que Louis XI, plus que Richelieu. Souvenez-vous, propriétaires, du spirituel bon sens de Henri IV, qui se moquait d'un gentilhomme richement habillé, portant, disait-il, sur son dos ses moulins et ses champs. Comment ! le paysan qui n'a rien s'enrichit, et avec de vastes propriétés vous vous appauvrissez ! Vivez dans vos domaines, vous vous y attacherez bientôt ; ils seront embellis, améliorés, agrandis ; ce sera là votre luxe, mais luxe vraiment noble, vraiment utile. Alors s'arrêtera le morcellement des propriétés.

Dépensez cent mille francs dans une ville à bâtir une belle maison, à recevoir avec faste ; vous n'aurez fait qu'enrichir des ouvriers que vous ne retrouverez plus, et qui se moqueront de vous au café ; et parmi vos égaux vos dépenses vous auront fait des envieux, et des ennemis de tous ceux qui n'auront pu les égaler. Qu'un homme taré ait un état de maison double du vôtre, il sera deux fois plus considéré. Dépensez cent mille francs dans votre terre, vous vous serez enrichi ; en vivant au milieu des paysans, en prenant part à leurs joies, à leurs peines, ils céderont facilement à l'influence d'une instruction supérieure, de votre fortune, de vos bienfaits ; non-seulement vous vous serez fait pardonner vos richesses, mais vous serez aimé et béni, et vos petits-fils jouiront encore de la considération que vous vous serez acquise.

Vous faites d'abondantes aumônes dans une ville, mais comment ? Avec les sommes que vous avez soutirées

de vos domaines en y causant un grand vide d'argent et
en créant par cela seul beaucoup de malheureux ; d'ailleurs ces aumônes soulagent des infortunes, mais ne
détruisent pas la misère, puisqu'elles laissent toujours
le pauvre aux prises avec les tentations d'une ville, et
qu'elles n'augmentent pas le produit du sol d'un seul
boisseau d'orge pour le nourrir, d'une seule poignée
de chanvre pour le vêtir, d'une seule tuile pour cou-
vrir la maison où il languit. C'est à la campagne, c'est
là seulement qu'on peut par le travail soulager les infortunes sans dégrader les ames; c'est là qu'en augmentant par l'amélioration de la culture les produits donnés par la terre au bras intelligent de l'homme, on peut
attaquer le mal dans sa source.

En France, c'est une rage, on veut être industriel;
on se jette dans les cotons, dans les fers, dans les
laines, dans les soieries, dans les usines, dans les ma-
nufactures de toute espèce ; on calcule, on recalcule,
on fait sa prière soir et matin aux pièces de cent sous,
et pendant la journée on court après. L'industrie ! l'industrie ! C'est le grand cri national. Et cependant la
concurrence étant immense, les chutes sont fréquentes,
les inquiétudes continuelles. Quant au résultat général
produit par cette fièvre industrielle, le voici : Le luxe
stimulé par mille et mille intérêts, va toujours croissant,
et il détruit dans sa marche les sentimens les plus généreux, les plus nobles, les plus fiers des classes riches
et aisées, et il les remplace par des bassesses. L'accroissement rapide de l'industrie fait quitter les champs
à une foule de cultivateurs, et l'agglomération d'une
nombreuse population manufacturière et ouvrière sur
quelques points, leur travail sédentaire et machinal,

corrompt les mœurs et abrutit les individus. Pour ces races abâtardies nulle espérance d'un sort meilleur ; le travail de l'ouvrier suffit à le nourrir au jour le jour ; mais il a toujours en perspective pour lui, pour ses enfans, pour sa postérité, des maladies précoces, la misère et l'hôpital. Si le commerce va mal, et que le manufacturier soit obligé de baisser le prix de la main d'œuvre ou de fermer ses ateliers, que faire alors? que devenir? impossible à l'ouvrier de travailler à autre chose qu'à son métier. Le sombre désespoir de ces populations cause les plus grands désordres publics ; et démoralisées profondément par la misère, elles sont capables de toutes les bassesses et de tous les crimes.

Mais vous, riches propriétaires, soyez agriculteurs. Dans les quatre cinquièmes de la France, l'agriculture est dans l'enfance, le loyer des terres à très-bas prix, les améliorations infaillibles, le gain presque assuré, les pertes jamais assez considérables pour ébranler votre fortune. Eh bien ! portez vos capitaux, votre activité, votre intelligence dans ces campagnes sans vie. Vous n'aurez point les ennuis d'une existence vide et sans but, vous ne serez point attaché à la glèbe d'un bureau ou d'un comptoir au milieu d'une population corrompue et haineuse; mais la vie des champs vous donnera une santé robuste, une conscience pure et une ame haute et forte ; vous serez le créateur d'un monde nouveau autour de vous ; le malheureux vous devra du travail et de l'aisance; par vos soins, par vos expériences utiles vous doublerez, vous triplerez peut-être la richesse de tous les paysans qui vous entoureront; vous rendrez plus heureuses et plus morales ces races de cultivateurs, véritable force, véritable sauvegarde

de l'Etat qui serait perdu s'il n'y avait point de contre-
poids à la corruption des villes, et ceux d'entre vous
qui auront les talens les plus distingués pourront, en
s'appuyant sur le peuple , parvenir à participer à l'ad-
ministration du pays et au gouvernement de l'Etat.
Votre fortune alors ne sera plus seulement de l'argent ,
mais une fonction, une dignité, un noble moyen
d'influence sociale qui devra assurer la tranquillité et
l'avenir du pays, rendre des millions d'hommes moins
courbés vers la terre , moins ignorans , et leur donner
tout le bonheur que la raison leur permet d'espérer.

« — Rêverie , me dira-t-on , rêverie que tout cela.
« Qu'est-ce vous nous proposez en effet? Rien moins
« qu'un changement total des idées et des habitudes
« de la haute société; or faites une révolution poli-
« tique , faites-en deux , c'est dans les choses très-pos-
« sibles , mais n'ayez pas la folie de croire qu'on puisse
« faire une révolution dans les mœurs. Vous voulez
« détruire l'amour de l'argent , et l'amour des places,
« et l'estime profonde pour le savoir-faire, . et cet
« égoïsme général qui se moque du Don Quichotisme
« des sentimens nobles et désintéressés et regarde
« comme un sot celui qui sacrifie des jouissances pré-
« sentes au désir de conserver, d'agrandir sa famille et
« sa postérité. — Rêverie, rêverie!.... Vous voulez
« détruire la passion des femmes pour mille dépenses
« que vous trouvez futiles, ridicules, mais ces dépenses
« leur sont plus indispensables que l'air et le soleil
« dont on se passe fort bien au bal; vous voulez les
« faire renoncer à l'existence des villes que vous trou-
« vez vide de bonnes choses, remplie de riens et de
« sottises, mais vous voulez donc les enterrer toutes

« vivantes, les prenez-vous pour des vestales? vous
« voulez changer toute leur éducation, pour leur don-
« ner des goûts simples, des pensées justes, des senti-
« mens élevés ; mais cette éducation n'en fait-elle pas
« des femmes délicieuses? Vous voulez leur faire pré-
« férer au clinquant, dites-vous, à une vanité puérile....
« Quoi? — Le bonheur domestique. — Rêverie, pure
« rêverie! Vous ne changerez pas les mœurs. Vous
« affirmez que les propriétaires et leurs femmes se
« ruinent à l'envi, mais j'affirme qu'ils aimeront
« mieux se ruiner que de changer leurs douces habi-
« tudes et leurs idées. »

C'est possible : et cependant les temps où nous
vivons qui brisent tant d'existences, détruisent tant
d'illusions, froissent si souvent les cœurs qui n'ont
point cessé de battre, les ames indépendantes, et vous
laissent tant de vide au milieu de la cohue du monde,
ne sont-ils pas favorables à cet exil du riche propriétaire dans ses terres, ou plutôt à son retour dans sa
véritable patrie qu'il n'aurait pas dû quitter? Peut-
être que malgré les mœurs, une sorte de réaction arrêtera les propriétaires sur le penchant de leur ruine,
peut-être en trouvera-t-on davantage qui rougiront
de faire des courbettes pour obtenir une misérable
place, qui ne voudront pas se perdre dans la foule
d'une grande ville, éclaboussés par des fripons, et
qui se révolteront à l'idée de vendre le château
paternel, la terre de la famille où ils vivront libres
et honorés. Et quant aux femmes, si petites par la
vanité, mais si grandes par le cœur, ne pourront
elles pas remplacer les jouissances de la ville par d'autres plus pures et plus durables? Comment ne trouve-

raient-elles pas des charmes à soulager les misères
des pauvres paysans qui les béniront, à les rendre
heureux, à se faire une sorte de souveraineté par leurs
bienfaits? L'empire de la beauté dure peu, l'âge le
brise, et les courtisans s'en vont, et la société paraît
moins aimable et la ville ennuyeuse; mais le bonheur de faire du bien ne se change point avec l'âge
en tristesse et en regrets; mais on ne se reproche
point sur le soir de sa vie une journée perdue ou
coupable.

D'ailleurs les campagnes ne sont plus un désert, la
vie des champs une solitude complète. Chaque jour on
peut recevoir les lettres de ses connaissances, de ses
amis, les journaux, les livres, les brochures, être en
communication avec le monde intellectuel et politique.
Et si les propriétaires demeuraient dans leurs campagnes, bientôt par leur influence secondée par l'intérêt
personnel, chaque commune aurait sa route, et on
pourrait en tous temps recevoir ses amis, aller les
voir, se rendre dans les villes, en revenir, jouir des
avantages de la campagne sans en avoir les inconvéniens, et goûter tous les plaisirs de la solitude et de la
société.

Mais si le torrent du monde doit continuer à entraîner les hautes classes, je dirai aux fous et aux égoïstes
qui de propriétaires deviennent rentiers : Sachez au
moins l'avenir qui pèsera sur vos familles.

L'accroissement des capitaux par l'exploitation des
mines et le développement du commerce qui crée des
signes représentatifs de l'argent, diminue continuellement la valeur du numéraire; dans cinquante ans on
n'aura peut-être pas avec une pièce de vingt francs la

moitié des denrées que l'on achèterait maintenant avec cette somme : les propriétés rurales au contraire vont toujours en augmentant de valeur ; les capitaux, la population s'accroissent, le sol ne s'accroît pas, et d'ailleurs les terres mieux cultivées rapportent davantage. Deux frères ont fait leurs partages il y a cent ans, l'un a eu dans son lot une terre estimée cent mille livres et en rapportant quatre ; l'autre a eu cent mille livres en argent ; aujourd'hui les descendans du premier tireront peut-être de leur terre vingt mille francs de revenu, ils pourraient la vendre sept cent mille francs, et les descendans du second n'auront que leurs cent mille livres, en supposant qu'ils aient pu les conserver. Le passé se reproduira infailliblement dans l'avenir, et le rentier verra donc son argent diminuer entre ses mains sans qu'il y touche. — Ce n'est pas tout, une fortune en argent est facile à dissiper ; les passions d'un jeune homme, l'ambition de l'homme mûr, la faiblesse du vieillard, résistent difficilement à la facilité de prendre de l'argent qui est là dans un secrétaire ; des sommes peuvent être perdues ou volées, des placemens être mal faits, des banqueroutes de l'Etat ou des particuliers anéantir la fortune mobiliaire qui paraissait la plus solide ; en somme, propriétaires qui devenez rentiers, vous pouvez être certains que vos arrière-petits-fils seront complètement ruinés, car c'est chose miraculeuse qu'une fortune en argent passant la troisième génération ! Votre postérité sera anéantie, ou elle se perdra dans cette classe de mercenaires qui gagne son pain à la sueur de son front.

DE L'AVENIR

NATIONALITÉS DE L'EUROPE.

> *Que m'importe un livre fait avec un livre ?*

L'Europe est divisée en un grand nombre d'Etats indépendans : cette organisation politique a-t-elle un long avenir ? Personne ne le croit.

Je vais essayer d'exposer les changemens que la force des choses me semble devoir amener.

— Eh ! qui êtes-vous pour oser prédire les destinées de l'Europe ? Ambassadeur, ministre, orateur, feld-maréchal, citoyen des deux mondes ? Point de réponse ; vous n'êtes donc qu'un inconnu ?

— Précisément : bien plus, j'aime tellement l'incognito, que vous ne pourrez deviner, lecteur, si je suis Français, Russe, Prussien, Anglais, Italien ou Espagnol. Mettre le centre de l'univers dans son pays, et sa nation avant le genre humain, c'est d'un bon citoyen, je le sais ; d'ailleurs c'est l'usage ; mais, quant à moi, l'Europe, voilà ma patrie, le bonheur de l'humanité entière, voilà mon seul but.

CHAPITRE PREMIER.

En Europe, depuis quatre cents ans les petits États disparaissent successivement dans les grands.

L'avenir verra les derniers résultats de ce mouvement social irrésistible.

Plusieurs raisons me paraissent rendre cette prédiction infaillible.

SECTION I.

La conquête n'est plus maintenant la servitude, c'est la réunion d'un peuple à un autre ; souvent même pour conserver ses nouvelles possessions, le vainqueur les ménage plus que les anciennes.

Les haines nationales s'affaiblissent chaque jour. Que nous sommes loin de ces guerres acharnées des républiques italiennes, des souverainetés allemandes, des Flamands et des Français ! Ce fanatisme de la patrie qui répétait avec le vieux Caton : *Delenda Carthago*, n'inspirerait plus que de l'horreur.

Les routes, les postes et les télégraphes ont vaincu les distances ; Paris est aujourd'hui plus près de Marseille qu'au moyen âge de Sens et d'Orléans : le gouvernement d'un immense territoire est devenu très-facile, et les livres, les journaux, les voyages, le commerce, en généralisant les intérêts et les idées, secondent puissamment le souverain qui veut assimiler deux peuples vivant sous ses lois.

Le recrutement forcé adopté dans toute l'Europe continentale et le système de guerre par grandes masses, ont mis les puissances secondaires dans l'impossibilité de résister.

Les quarante dernières années, si pleines de prodiges, ont monté les esprits au grandiose : toute guerre sans vastes résultats serait ridicule ; on ne se battrait plus sept ans pour retourner au point de départ.

Enfin, la vie se retire des petits Etats qui n'ont plus foi en leur durée. Le désir de voir son nom cité dans le monde civilisé fait battre tous les cœurs ambitieux. Eh bien ! la renommée n'est que pour les hommes qui brillent à la tête des grandes nations; quant aux citoyens des petits Etats, à ces Etats eux-mêmes, toujours à la suite, ils sont rejetés dans l'ombre. On est bien près d'abjurer sa haine patriotique contre de puissans voisins, lorsqu'on passe sa vie à s'occuper de leurs affaires, et de prendre en pitié son obscure patrie, lorsqu'on n'y trouve plus de place pour un grand homme ! Qui parlerait de Napoléon s'il était resté Corse?

La nationalité des puissances secondaires de l'Europe touche à sa fin.

SECTION II.

J'entends dire souvent : la nationalité, voilà le premier de tous les biens !

L'histoire moderne me donne quelque doute.

Quelle différence entre l'Europe du moyen âge et l'Europe de nos jours ! et cependant que de nationalités ont péri !.... Ce n'était que guerres acharnées entre une foule de peuples dont les descendans ne forment plus qu'une famille de frères en Espagne, en France, dans la Grande-Bretagne, en Prusse, en Autriche et en Russie.

Peut-être, il est vrai, y a-t-il dans ces grands empires autant de soldats qu'au moyen âge, mais alors partout des champs de bataille ; maintenant presque partout une grande sécurité et le fléau de la guerre reporté aux frontières lointaines. Fractionnez en idée tous les grands royaumes de l'Europe en autant d'Etats qu'au douzième siècle, la civilisation s'arrête.

Pourquoi la perte de la nationalité, trois fois heureuse pour tant de petits peuples du moyen âge, serait-elle le plus affreux malheur pour ceux qui existent encore en Europe?

La nationalité leur est en effet un avantage si précieux !

Dans un Etat peu étendu, la justice et le gouvernement ne sont souvent qu'un commérage, une suite d'abus ; dans un vaste empire, le pouvoir est placé si haut que la justice est vraiment souveraine et qu'on ne peut presque jamais gouverner que dans un intérêt général.

En Europe, chaque Etat cherche à augmenter ses richesses ; de là des guerres de douanes acharnées. Aussi un petit peuple, isolé au milieu de grands royaumes, tombe dans le marasme et la misère.

S'il est maritime, sa faiblesse l'empêche de protéger son commerce sur les mers. Veut-il avoir les vaisseaux de guerre nécessaires, sa marine militaire le ruine.

En tout temps, il peut être certain qu'un voisin n'attend qu'une occasion pour le conquérir. — C'était une idée singulière qui a présidé, dit-on, au traité de Westphalie : pour empêcher le choc des grands royau-

mes, on s'est efforcé de les séparer par de petites souverainetés ; mais comme la conquête de ces territoires
neutres était précisément l'objet de tous leurs désirs,
ce chef-d'œuvre diplomatique a créé ou maintenu, non
la paix, mais la guerre perpétuelle. Si tous les grands
Etats se touchaient, au contraire, il me semble qu'il y
aurait bien moins de guerres : tous étant au maximum
de leur puissance, seraient dans l'impossibilité de faire
des conquêtes les uns sur les autres ; or, quelle est la
cause de presque toutes les guerres? l'espoir de conquérir.

Quel grand avantage pour les petits Etats de servir
en temps de guerre de champ de bataille aux armées
de l'Europe, et d'être en tous temps jouets et victimes
du plus fort. En faisant partie d'un vaste empire ils seraient au moins protégés par ses forces.

CHAPITRE SECOND.

IDÉES SUR LA RÉUNION DES PEUPLES.

§ I. Avant tout un Etat doit être formé de provinces contiguës, présentant une puissance assez forte
pour ne jamais craindre la conquête, car sans sécurité
point de prospérité, ou prospérité incomplète.

§ II. Il est évident qu'on doit réunir, *autant que
possible*, les peuples dont la religion est la même, les
mœurs semblables et qui parlent surtout la même
langue. Rien ne rend le gouvernement plus facile,
maintenant que la parole est souveraine, propagée par
l'imprimerie qui a laissé bien loin la Renommée aux
cent bouches de Virgile et d'Homère. D'ailleurs les
langues font les nations.

§ III. Les limites naturelles des Etats doivent être prises aussi en grande considération.

Les grands fleuves, les plus faibles des frontières naturelles, sont cependant un puissant obstacle aux armées étrangères dans leurs invasions et dans leurs retraites. D'un autre côté, si les habitans d'une vaste plaine ne peuvent concevoir comment ils sont étrangers les uns aux autres parce qu'un poteau a été planté au milieu d'un champ, il n'en est pas de même lorsqu'un fleuve les sépare ; la nation tout entière se fait à l'idée que son territoire s'étend jusqu'à son cours et sera disposée aux plus grands efforts pour reconquérir ce qu'elle estime sa propriété, sa sûreté et sa gloire. Pendant quatre siècles l'empire romain a lutté avec les barbares sur les bords de grands fleuves.

Les grandes chaînes de montagnes sont des frontières plus sûres encore. Que de travaux, de dépenses pour les faire traverser à des armées en présence de l'ennemi ! Lors même que l'invasion réussit elle est presque toujours suivie de revers. Le peuple conquis, dans ses efforts généreux, ne trouve point d'obstacle naturel jusqu'aux montagnes qui paralysent au contraire les communications de l'armée conquérante avec la mère-patrie, et sont une cause de ruine complète si elle est vaincue. Voyez les invasions en Espagne et en Italie.

La mer est la meilleure de toutes les limites. La population si considérable de toutes les parties de l'Europe rend partout une invasion par mer extrêmement difficile, une conquête presque impos_ sible ; il ne peut plus y avoir de Guillaume-le-Conquérant.

§ IV. Une autre considération de la plus haute importance c'est la disposition du sol qui doit former un Etat.

Il est impossible qu'une nation soit prospère si le commerce n'est florissant, et impossible qu'il le soit si l'on ne transporte facilement les produits des différentes provinces dans tout l'empire et de l'empire dans tout l'univers. Or un Etat ne peut jouir de cet avantage inappréciable qu'en ayant une issue sur la mer et des rivières navigables toujours libres.

Lorsque les Etats-Unis achetèrent la Louisiane, que voulaient-ils? Un désert de plus? Non certes, mais l'embouchure du Mississipi. Ce fleuve et ses affluens immenses transportent des marchandises en quelques jours, à mille lieues de distance, et la liberté de ces magnifiques voies commerciales doit rapidement peupler, fertiliser, enrichir ces vallées plus vastes que l'Espagne et la France réunies.

Pourquoi tant d'efforts de Pierre-le-Grand et de ses successeurs pour conquérir les côtes de la Baltique, de la mer Caspienne, et de la mer Noire? C'est qu'il fallait entrer en communication avec l'univers, c'est que la Newa, la Dwina se jetaient dans la Baltique ; le Volga et l'Oural dans la mer Caspienne ; le Don, le Dnieper, le Dniester dans la mer Noire. C'était un pays aussi grand que l'Espagne et la France réunies qu'il s'agissait de fertiliser par le commerce, et une population de vingt millions qu'il fallait enrichir et tripler dans un siècle ou deux.

Pourquoi tant de guerres de l'Autriche pour conquérir l'Istrie, la Dalmatie et le nord de l'Italie? C'est qu'il lui fallait une issue, un débouché pour son vaste empire, la mer Adriatique bien plus que des sujets italiens.

Depuis surtout la sublime invention des machines à vapeur appliquée aux bateaux et aux navires, c'est à peine si l'imagination peut exagérer l'importance de la liberté des rivières navigables coulant jusqu'à la mer sous les mêmes lois ; les nations méditerranées, privées d'une communication directe avec l'univers, ressemblent au malheureux dont les membres sont paralysés.

CHAPITRE TROISIEME.

DIVISION DE L'EUROPE EN GRANDS ÉTATS.

D'après ces principes il me semble que l'Europe doit se diviser tôt ou tard en huit États indépendans.

(Je prie le lecteur d'avoir une carte d'Europe sous les yeux, car s'il n'avait toujours présente la situation statistique et géographique de ses différentes contrées, j'aurais peur qu'il ne me prît pour un visionnaire.)

1º La Suède telle qu'elle est, réunie à la Norwège.

2º La Grande-Bretagne telle qu'elle est, mais sans le Hanovre.

3º L'Espagne réunie au Portugal.

4º La France perdant la Corse, augmentée de la Savoie, de la Suisse, moins les Grisons et le Tessin, des pays en-deçà du Rhin, et bornée par l'Océan, les Pyrénées, la Méditerranée, les Alpes et le Rhin.

5º L'Italie entière avec la Sardaigne, la Corse, la Sicile, bornée par la mer, les Alpes, le Tagliamento.

6º La Prusse perdant ses provinces au-delà de la Vistule et du Rhin, augmentée de la Hollande, du Danemarck , de la Pologne sur les rives gauches de la Vistule et de la Saan , de toute l'Allemagne centrale et septentrionale, et bornée par l'Océan, la Baltique, la Vistule, la Saan, les monts Krapaks, les montagnes de la Bohème , la chaîne qui sépare le Danube du Mein et du Neker, et enfin par le Rhin.

7° L'Autriche perdant l'Italie, la Gallicie, la Bukovine, la Silésie autrichienne, augmentée de la partie méridionale du Wurtemberg et de la Bavière, des Grisons, de la Turquie d'Europe moins la Moldavie et le littoral de la mer de Marmara , et bornée par les mers Noire, Méditerranée, Adriatique, par l'Italie, la France, la Prusse , les monts Krapaks , le Milkou et le bas Danube.

8° La Russie perdant la Pologne sur la rive gauche de la Vistule, augmentée des provinces prussiennes sur la rive droite de ce fleuve , de la Gallicie orientale, de la Bukovine, de la Moldavie, et bornée par la Laponie suédoise, la Baltique, la Vistule, la Saan, les monts Krapaks, le Milkou, le bas Danube et la mer Noire.

L'empire turc rejeté dans l'Asie-Mineure.

Population actuelle de ces différens Etats ainsi constitués :

Suède , environ.	4,000,000	d'habitans.
Angleterre	23,000,000	
Espagne	17,000,000	
France.	40,000,000	
Italie.	21,000,000	
Prusse	27,000,000	
Autriche.	37,000,000	
Russie européenne. . . .	60,000,000	
Total. . . .	229,000,000	

CHAPITRE QUATRIÈME.

COMMENT CES CHANGEMENS PEUVENT ARRIVER.

Si au moyen-âge un rêveur eût prédit la réunion la plus complète de l'Écosse et de l'Angleterre dont les haines étaient alors célèbres; de la Bohême, de la Hongrie et de l'Autriche; la formation d'un grand royaume dans le nord de l'Allemagne et d'un empire immense occupant presque toute l'Europe orientale, ses contemporains l'auraient certainement regardé comme un fou, mais la postérité !

SECTION I.

§ 1. N'est-il pas certain qu'en Espagne on désire conquérir le Portugal; en France, la Savoie et la rive gauche du Rhin; en Prusse, le nord de l'Allemagne et la rive gauche de la Vistule; en Autriche, l'Allemagne méridionale et la Turquie d'Europe; en Russie, la Moldavie, la Gallicie et la Prusse orientale. Et ces idées d'agrandissement ne fermentent pas seulement dans quelques têtes de politiques, elles sont populaires, elles font partie du patriotisme et de la gloire de ces différentes nations. Trois de ces puissances dans le dernier siècle ont partagé la Pologne, croit-on cet exemple perdu ?

§ 2. Lors même que les grands Etats ne s'entendraient jamais pour se permettre mutuellement les conquêtes qu'ils désirent, toute guerre, bien qu'entreprise dans un autre but, doit commencer à réaliser mes prévisions. A la fin de chaque guerre aucune grande puissance n'est anéantie. Au moment des né-

gociations pour la paix, le vainqueur presque aussi af-
faibli que le vaincu, trouvant encore en tête un ennemi
formidable, est obligé de le ménager, et les petits peuples sont les indemnités qu'on s'accorde mutuellement :
voilà l'histoire de toutes les grandes luttes de l'Europe.

Section II.

§ 1. D'un autre côté, la Russie, nouvel empire
romain, menace l'indépendance de l'Europe ; pour
la conserver il faut de toute nécessité concentrer la
puissance disséminée dans un grand nombre de petits
Etats et aujourd'hui sans force.

— Mais pourquoi ne pas chercher plutôt à affaiblir
la Russie ? Elle a fait des conquêtes, il faut les lui arracher.

— Impossible. Le véritable peuple russe, profes-
sant le culte grec, parlant la langue slave, s'élève au
moins à trente-cinq millions d'hommes; aucune langue
en Europe n'est parlée par un peuple aussi nombreux;
cette population augmente tous les ans de plus de cinq
cent mille ames et est répandue presque tout entière
dans les provinces qui environnent Moscou. Du centre
de sa puissance cette nation a étendu ses conquêtes
sur tous les points de la circonférence, et les peuples
conquis, dispersés autour d'elle, sont incapables de
fonder leur indépendance (1).

______

(1) La position géographique d'une capitale et d'un peuple explique
souvent leur grandeur. Rome a conquis l'Italie entière, mais Rome était
placée exactement au centre de ce beau pays. L'Italie a conquis le monde
connu des anciens, mais l'Italie était placée au centre de ce monde. De-

Pourquoi d'ailleurs voudraient-ils se révolter et en-gager avec la Russie une guerre à mort?

Quels biens ont donc à regretter les sauvages de la Sibérie, les Tartares et les Cosaques?

La Finlande, la Livonie, l'Estonie séparées de la Suède par une mer dangereuse, n'en étaient réellement que de pauvres colonies; réunies au continent russe, à côté d'une immense capitale, de Saint-Pétersbourg, elles deviennent de riches provinces.

— Mais la Pologne, l'héroïque Pologne! il faut la faire revivre pour servir de puissant rempart contre la Russie.

— Phrases sonores!... Dans les provinces orientales de la Pologne lithuanienne, plus de deux millions d'hommes restés fidèles au culte grec aspiraient à re-devenir Russes, et un million de Juifs environ, répan-dus dans toutes les provinces, étaient prêts à vendre leur patrie d'exil.

Dailleurs la Pologne, devenue par son détestable gouvernement trop faible pour conquérir, devait être conquise. Ses fleuves avaient leurs embouchures sur un territoire étranger, elle était comme enfermée au milieu de puissances jalouses et de populations ennemies. Du reste, aucune limite naturelle à l'exception des monts Krapaks; sur les frontières russes, prussiennes et tur-ques, il fallait un poteau et une inscription pour indi-quer le changement de souveraineté. Enfin la Pologne,

puis plus d'un siècle, la Prusse grandit comme par enchantement, mais Berlin est loin de Vienne, Paris et Moscou. Quant à la Russie, il y a des centaines de lieues de Moscou à Stockholm, Berlin, Vienne, Con stantinople, Ispahan et Pékin.

plaine immense, n'avait pour place forte que le corps des Polonais. Cette position seule était une cause permanente de faiblesse et de ruine.

Cependant si elle avait été conquise tout entière par la Russie, je concevrais qu'aidée par la Prusse et l'Autriche, elle pût faire renaître son indépendance; mais ces nations se sont aussi partagé la Pologne et, loin de seconder ses efforts, elles les combattront à outrance. Les hommes d'État prussiens, autrichiens et russes sacrifieraient leur dernière armée plutôt que de consentir à son indépendance; c'est la conquête qui a fait ces empires; la révolte heureuse des Polonais susciterait dix autres révoltes.

C'en est fait, la malheureuse Pologne a vécu.

Bien plus, dans un siècle peut-être, les Polonais-Russes seront aussi fidèles à l'empire des czars que les vieux Moscovites.

Anglais, Français, Espagnols, vous trouvez la conquête de la Pologne un crime politique affreux, et cependant vos glorieuses patries n'ont été formées que par des crimes semblables.

Je sais la haine acharnée de la plupart des Polonais contre les Russes. Pologne, Pologne! voilà le cri qui peut faire encore accourir sous les étendards de l'insurrection le soldat et le général, le vieillard et l'enfant, le noble et l'esclave. Cet entraînement de millions d'hommes pour une cause perdue, ce dévouement sublime d'un serf aux mânes de la patrie, d'un serf qui, n'en a reçu que mépris et misère, ce serait certes un des spectacles les plus étonnans qu'il y aurait au monde, et cependant je sais que l'histoire, qui nous l'a déjà donné plus d'une fois, peut nous le donner encore; mais je sais aussi que le temps détruit ces haines furieuses et aveugles.

Ecosse, Ecosse! était aussi le cri de mort que poussait une nation entière contre les Anglais, et cependant existe-il maintenant un seul vestige de cette haine de huit cents ans ?

Il en sera de même pour les Polonais et les Russes.

La conquête a sans doute fait perdre à la haute noblesse polonaise une brillante existence; c'était le pays de l'aristocratie et de l'esclavage par excellence ! Mais presque toute la nation qu'a-t-elle donc en réalité à regretter? Est-ce l'anarchie, la misère et la guerre perpétuelles ? Elle a gagné à la conquête l'adoucissement de l'esclavage par le droit ôté aux seigneurs de rendre la justice souverainement, l'assurance de ne voir au moins au-dessus de la loi que l'empereur, et un vaste débouché pour ses productions dans l'immense empire russe.

Les Polonais, il est vrai, sont catholiques et les Russes grecs, mais le gouvernement des czars est le premier en Europe qui ait proclamé et respecté la liberté des cultes; est-ce dans notre siècle, à moins que ce ne soit dans un moment de colère causé par une insurrection, qu'il voudrait violer ce grand principe de la constitution de l'empire? Du reste, la position des diverses classes ne présente presque aucune différence dans les deux pays, la langue est la même pour ainsi dire, c'est un seul peuple divisé en deux. Les haines entre frères sont acharnées, mais leurs descendans peuvent se réconcilier et s'aimer. Ainsi feront les deux nations slaves, russe et polonaise.

— Mais la Russie occupe un territoire si vaste qu'elle

se divisera nécessairement elle-même comme tous ces empires immenses qui ont ébloui et effrayé le monde.

— J'ai fait remarquer un fait capital : le véritable peuple russe occupe tout entier autour de Moscou des provinces déjà très-peuplées ; certes, ces Russes formant une masse compacte ne se diviseront point en deux nations ; trouvez ensuite autour du centre de l'empire une seule province où puisse se former une nationalité ayant une année de vie.

Qu'on examine d'ailleurs la disposition du sol de la Russie européenne. Dans tout ce vaste territoire pas une seule chaîne de montagnes quelque peu élevées de l'Oural à la Vistule et de la mer Blanche aux rives des mers Noire et Caspienne : ce n'est, pour ainsi dire, qu'une plaine immense où les traineaux pendant l'hiver, et les fleuves et les canaux pendant l'été, transportent les marchandises d'une extrémité à l'autre. D'après cette admirable disposition du sol, où trouver les limites de nouveaux Etats, monnaie de l'empire russe ? Quel grand intérêt pousserait donc les provinces centrales et maritimes à se séparer violemment ? Celui apparemment de détruire leur commerce et leur prospérité.

En résumé la Russie, que les hivers et l'immensité rendent inexpugnable, occupe la moitié de l'Europe, et tandis que la population ne peut croître que lentement dans les pays déjà très peuplés de l'occident, elle augmente rapidement en Russie où la terre ne manquera pas de long-temps au travail (1) ; avant soixante ou quatre-vingts ans cet empire aura cent millions

____

(1) D'après un mémoire de M. Moreau de Jonnes, lu à l'académie des Sciences le 16 janvier 1832, il faut pour doubler la population :

d'habitans, et ses armées, inutiles du côté des steppes
de l'Asie, presque toutes disponibles contre l'Europe,
et dont les mouvemens deviendront plus faciles par
l'augmentation de la population, s'élèveront alors à
près de deux millions de soldats. Le danger n'est plus
dans l'empire de Charles-Quint, mais dans celui des
czars.

Ses voisins sont-ils en état de lui résister? Cette masse
informe de principautés, de républiques, de royaumes,
qu'on décore du nom de Confédération germanique,
serait plutôt, comme par le passé, une cause de fai-
b'esse pour la défense et d'encouragement pour un Napoléon russe. Quant à la Prusse, avec douze millions
d'hommes dispersés sur un territoire sans cohésion,
et à l'Autriche avec trente-deux millions d'Allemands,
d'Italiens, de Hongrois et de Slaves, elles sont trop
faibles pour lui résister.

L'indépendance de l'Europe est donc menacée ;
pour la conserver il faut que la Prusse et l'Autriche,
seuls remparts entre la Russie et l'Occident, aient autant de forces que cet empire, et elles ne peuvent les
avoir qu'en absorbant toutes les petites puissances du
centre de l'Europe, c'est une nécessité irrésistible.
En restant morcelée en petits Etats, la Grèce républi-
caine tombe sous le joug de Philippe et d'Alexandre ;

En Prusse.	39 ans.	En Espagne.	63 ans.
Autriche.	44	Italie.	68
Russie.	48	Grèce et Turquie d'Eu-	
Pologne et Danemarck.	50	rope.	70
Iles Britanniques.	52	Pays-Bas.	84
Suède, Norwege, Suisse		Allemagne.	120
et Portugal.	56	France.	125

en applaudissant sottement aux Romains qui rendent à chaque cité sa malheureuse nationalité, elle se livre à leur tyrannie. L'Italie du moyen-âge s'enorgueillit de ses nationalités sans nombre et devient la proie des Allemands, des Français et des Espagnols ; et de nos jours y aurait-il l'ombre de l'indépendance depuis le Rhin jusqu'à la Vistule et aux monts Krapaks, si l'Autriche et la Prusse n'existaient pas et si le chaos de la Confédération germanique dans toute sa pureté avait à lutter seul contre la Russie ? — L'Europe sera plus prévoyante que la Grèce et l'Italie, et le nouvel esprit public en Allemagne, qui tend fortement à l'unité, facilitera l'agrandissement de l'Autriche et surtout de la Prusse vers laquelle tous les Allemands tournent les yeux.

§ 2. Mais la Prusse et l'Autriche ne peuvent s'agrandir qu'avec le consentement de leur puissant voisin d'Occident, de la France : pour l'obtenir, il faut lui permettre l'agrandissement désiré depuis des siècles, conquis sous Bonaparte, arraché aux congrès de 1814 et 1815 par vengeance et non par prudence, la Savoie et la rive gauche du Rhin.

Ainsi par un entraînement irrésistible, la France, l'Autriche et la Prusse doivent être d'accord pour faire des conquêtes (1 et 2).

(1) Depuis que l'Autriche ne possède plus les Pays-Bas, la haine des Français contre elle est une absurdité.

(2) Napoléon, dans une de ses rêveries ambitieuses, disait un jour que la France et la Russie devaient se partager l'Europe, qui ne formerait plus que deux empires, d'Orient et d'Occident. Si la France s'alliait à la Russie pour détruire toutes les puissances de l'Europe continentale, elle se préparerait quelques années de brillantes conquêtes, puis une

§ 3. Quelles puissances s'y opposeront ? La Russie et l'Angleterre.

La Russie parce qu'elle regarde comme un grand avantage d'avoir pour voisins un empire en dissolution comme la Turquie, et une nation déchirée en lambeaux comme la Confédération germanique. Mais la Prusse et l'Autriche réunies (il est impossible qu'elles soient ennemies à moins de se suicider) peuvent, si la France est leur alliée, résister actuellement à la Russie qui, après des guerres sanglantes, consentira à l'agrandissement de ces trois puissances en obtenant elle-même d'autres provinces.

En effet, les Russes feraient de grands sacrifices pour avoir la Prusse orientale ; ils jouiraient ainsi d'une plus grande étendue de côtes sur la Baltique et des embouchures du Niémen et de la Vistule : la liberté de ces fleuves serait un puissant moyen de prospérité pour la partie de la Pologne qu'ils arrosent et qui est enclavée maintenant dans le territoire prussien. La Gallicie orientale serait également pour les Russes une province impor-

ruine éclatante La Russie, déjà plus puissante que la France, pourrait conquérir et conserver les pays où se parle la langue slave et où on professe le culte grec, c'est-à-dire toute la Pologne, une partie de la monarchie autrichienne et toute la Turquie d'Europe. La France trouverait mille obstacles a conquérir et surtout à garder l'Italie, le Portugal et l'Espagne. L'Allemagne partagée servirait bientôt de champ de bataille aux conquérans divisés, et la France succomberait. En effet, les Russes seraient inattaquables chez eux par les Français, très-attaquables au contraire dans le cœur de leur empire par les Russes.

D'ailleurs l'anéantissement des nations espagnoles, italiennes et allemandes, si différentes des Français et des Russes par les langues, les idées et les mœurs, causerait des révoltes sans nombre, et au lieu de préparer la fin de toutes les guerres on organiserait la guerre perpétuelle.

tante parce qu'elle trouverait ses débouchés dans la
mer Noire par le Dniester et le Pruth dont les embouchures sont sur leur territoire. Si en compensation ils
cédaient la rive gauche de la Vistule, cette perte leur
serait peu sensible, ce pays étant très-éloigné du centre de l'empire et peuplé d'habitans qui de tous les Polonais détestent le plus leur domination.

— Mais la Russie désire par-dessus tout la conquête
de la Turquie d'Europe, et ne laissera jamais l'Autriche
en faire une de ses possessions.

— Je crois qu'on se trompe sur la politique russe.

La Transylvanie, province autrichienne, n'est séparée de la mer Noire que par une soixantaine de lieues,
et, à moins de s'emparer de cette principauté et d'une
grande partie de la Hongrie, la Turquie d'Europe
conquise ne serait unie au reste de l'empire russe que
par une langue de terre, et les armées d'occupation
seraient toujours exposées à être coupées par un ennemi puissant et acharné. — En effet les Russes, maîtres
de l'embouchure du Danube et du détroit de Constantinople, seraient maîtres du commerce de la monarchie autrichienne arrosée presque d'un bout à l'autre
par ce grand fleuve qui se jette dans la mer Noire ; les
Autrichiens ne le souffriront jamais, et ils seraient se-
condés dans leur résistance par toutes les puissances
commerçantes qui craindraient de voir les Russes ex-
pulser leurs vaisseaux de la mer Noire. La conquête de
la Turquie serait pour la Russie la ruine de ses armées
et de ses finances ; car il faudrait résister à l'Autriche
et à ses alliés, contenir les peuples vaincus, dans un
pays difficile, sans ressources, à quatre cents lieues
du centre de l'empire

Aussi ce n'est point cette conquête que veulent les hommes d'Etat russes. — Le Don, le Dniéper, le Dniester, le Bug et le Pruth se jettent dans la mer Noire, le Volga lui-même, par un canal, peut avoir une issue sur cette mer, de sorte que le commerce de presque toutes les provinces les plus riches, les plus peuplées de l'empire, n'a d'autre débouché, pour ainsi dire, que le détroit de Constantinople et des Dardanelles. Quel immense intérêt pour les Russes de voir ce passage libre pour toujours ! Aussi voilà ce que veulent les hommes d'Etat de Saint-Pétersbourg.

Or, pour assurer ce passage, rien de plus avantageux que la conquête de la Turquie d'Europe par l'Autriche. Actuellement les Turcs sont maîtres des deux rives; un ordre au commandant des forts ferme ce passage, et pour le forcer à le rétracter il faut une guerre sur le Danube. Mais si les Autrichiens étaient maîtres de la Romélie et les Turcs de l'Asie-Mineure, et si Constantinople et les deux rives du détroit formaient un territoire neutre sans aucune fortification, les puissances maritimes ne craindraient plus d'être chassées du commerce de la mer Noire tout entière, et les Russes seraient toujours assurés de voir libre le débouché vital de leur immense territoire.

Mais un autre Etat s'opposera à ces agrandissemens avec plus d'acharnement que la Russie, c'est l'Angleterre.

Arrivée à toute son extension possible en Europe, elle juge avec raison que la force de ses voisins augmentant, la sienne, en restant la même, diminue. D'ailleurs, plus il y a de petits Etats, plus elle a de chances pour vendre ses marchandises, et elle tremble de voir l'Europe repousser ses produits industriels par des lignes de douanes formidables.

Mais l'Angleterre ne peut envoyer sur le continent que de faibles armées et avec des dépenses énormes; ses ennemis ne seront réellement vulnérables que sur mer : or les victoires navales des Anglais ne pourront empêcher les conquêtes européennes des quatre grandes puissances du continent.

§ 4. Pour résister sur mer aux Anglais, ces puissances chercheront à réunir contre eux toutes les marines du globe et s'adresseront nécessairement à l'Espagne : comme moyen de l'entraîner, comme dédommagement de ses colonies perdues et compensation de leurs propres aggrandissemens, elles lui permettront la conquête du Portugal (1).

— Mais l'Italie, l'Italie, cette ancienne capitale du monde, cette patrie moderne des arts, comment pourra-t-elle jamais renaître de ses cendres.

—Chose bizarre ! la domination autrichienne est probablement le moyen dont se sert la Providence pour préparer l'indépendance de l'Italie. Pour qu'elle puisse former un seul empire, il faut que ses rivalités de ville à ville, ses petitesses d'Etat microscopiques disparaissent; or en ce sens l'Autriche, qui absorbe un grand nombre de cités, prépare un royaume italien. Si l'Autriche régnait à Rome et à Naples, son expulsion serait proche, et le roi de Sardaigne, secondé par une armée française et appelant l'Italie à l'indépendance, n'en formerait plus qu'un royaume. L'Autriche d'ail-

---

(1) Depuis que les Français et les Espagnols ont perdu leurs plus belles colonies, ils ont bien moins à craindre d'une guerre avec les Anglais.

leurs tiendrait moins à l'Italie si elle avait cinq cents lieues de côtes par la conquête de la Turquie d'Europe.

Le pape semble, il est vrai, un puissant obstacle à la réunion de l'Italie ; mais le cours naturel de l'esprit public en Europe et la liberté pleine, entière, absolue, que veulent pour leur religion les plus ardens des catholiques, doivent amener nécessairement la fin de cette faible puissance temporelle qui souille et enchaîne le spirituel. C'est en descendant d'un trône élevé par la main des hommes que le chef de la catholicité retrouvera le plus précieux de tous les biens, l'indépendance religieuse.

Ainsi se formeront les grands Etats de l'Europe.

CHAPITRE CINQUIÈME.

DES AVANTAGES DE LA FORMATION DE CES GRANDS EMPIRES.

§ 1. Tous ces Etats ainsi constitués ne pourront être conquis par leurs voisins.

L'Angleterre, la Russie, l'Espagne et la France seront trop puissantes pour avoir rien à craindre.

La presqu'île scandinave ne vaudra pas les difficultés très-grandes de la conquête que d'ailleurs la Prusse ne souffrirait pas faite par la Russie, ni la Russie faite par la Prusse.

L'Italie, plus faible que ses voisins, aura l'avantage de ne pouvoir être attaquée par terre qu'à travers les Alpes ; et la Russie, la Prusse et la France ne permettraient pas sa conquête à l'Autriche, ni l'Autriche et la Prusse sa conquête à la France.

La Prusse et l'Autriche courront, il est vrai, des

dangers du côté de la Russie ; mais étroitement unies par un péril commun et n'ayant rien à craindre ni de l'Italie ni de la France, qui ne pourront sans folie chercher à dépasser leurs frontières naturelles, presque toutes leurs forces se porteront vers les frontières russes, où les monts Krapaks, le bas Danube et la Vistule leur serviront de lignes de défenses et seconderont la haine des populations allemandes, hongroises et polonaises contre les Russes.

§ 2. Ces différens Etats assurés contre la conquête feront en pleine sécurité un commerce immense. Tous en effet auront une grande étendue de côtes, et les rivières navigables couleront libres sous les mêmes lois jusqu'à la mer (1).

Dans toute l'Europe pas une seule province qui ne soit sous le gouvernement le plus favorable à l'entier développement de sa prospérité.

(1) Il n'y aura qu'une seule exception : la Bohême, qui par le cours de ses rivieres devrait être prussienne, restera autrichienne; voici pour quel motif.

On ne pourrait arracher à l'Autriche ce royaume héréditaire qu'à force de victoires, et il est nécessaire au contraire qu'elle conserve toutes ses forces. La monarchie autrichienne paraîtra plus puissante que la Prusse, et cependant elle sera peut-être plus faible. Cette dernière puissance aura moins de population, mais presque tout allemande, tandis que l'Autriche aura des peuples de race, de langues, de mœurs, d'institutions différentes, et la Turquie d'Europe peuplée de nations barbares ne sera pendant long-temps qu'une cause de faiblesse plutôt que de force.

D'ailleurs, supposons la Bohême province prussienne : si le Haut-Danube devient autrichien, il ne tiendra auprès de 'Lintz que par une langue de terre au reste de la monarchie et ne pourra être conservé contre la Prusse; s'il est prussien au contraire, l'Autriche sera beaucoup trop faible et le commerce du Tyrol, de la Bavière et du Wurtemberg méri-

La monarchie autrichienne jouira de l'inappréciable avantage d'avoir une étendue de côtes immense et d'être traversée dans sa plus grande longueur par le puissant Danube, dont le cours entièrement libre fertilisera des provinces peuplées par près de trente millions d'hommes.

La Russie verra se prolonger ses côtes sur la mer Baltique, tous ses fleuves, ainsi que l'issue de la mer Noire, libres à jamais, et les hautes pensées de Pierre-le-Grand seront enfin réalisées.

L'Italie, baignée de tous côtés par la mer, ayant désormais une marine militaire capable de protéger son commerce, pourra se rappeler sans rougir ses siècles de prospérité et de gloire.

La Prusse, dont les côtes sur l'Océan et la mer Baltique seront aussi étendues que celles de France, et dont le territoire sera arrosé par de grands fleuves, continuera, ou plutôt surpassera le siècle du grand Frédéric.

Le commerce de la Suisse et de la Belgique, paralysé par la France, et celui du nord et de l'est de la France, paralysé par la Belgique et la Suisse, prendront des développemens beaucoup plus grands lorsque ces pays, prolongemens des vallées du Rhône, du Rhin, de la Moselle, de la Meuse et de l'Escaut, feront partie de

---

dional, sera paralysé par les douanes autrichiennes qui fermeront le cours du Danube à Passau. La Bohême doit donc rester autrichienne, d'autant plus que de toutes parts, excepté au passage de l'Elbe, elle sera séparée de la Prusse par de hautes montagnes, et qu'avec le chemin de fer de la Moldaw au Danube, la Bohême commerciale sera liée intimement au reste de l'empire.

la France ; et cette monarchie aux grands hommes et aux grandes choses sera toujours à la hauteur des plus belles pages de son histoire.

Le Portugal, prolongement des vallées espagnoles de la Guadiana, du Tage, du Douro et du Minho, ne rivalisera plus que d'industrie avec l'Espagne ; la liberté de ces fleuves rendra les provinces qu'ils arrosent aussi prospères que la Catalogne, la Biscaye, les royaumes de Valence, de Grenade et d'Andalousie, et la Péninsule ne sera pas indigne désormais des Christophe-Colomb et des Vasco de Gama, des Henri et des Charles-Quint.

§ 3. En lisant l'histoire de l'Europe depuis le moyen-âge, une réflexion triste et amère s'est toujours présentée à mon esprit : toutes ces guerres acharnées qui ont désolé cette belle partie du globe étaient-elles entreprises pour arriver à un état meilleur, à un bien-être plus grand des populations ? Hélas ! elles n'ont presque jamais eu pour cause que l'ennui du repos et un désir insatiable de se battre. Combien ces pages sanglantes doivent exciter de regrets mêlés d'indignation ! Tant de désastres, de belles actions, de mâles courages pour un but méprisable, des motifs ridicules, un résultat nul ! Ah ! si l'Europe depuis trois ou quatre siècles, au lieu de se déchirer, avait mis la même activité, la même énergie à soumettre les peuples sauvages ou barbares, à les éclairer, à les civiliser, l'univers présenterait le plus majestueux de tous les spectacles.

Peuples de l'Europe, vous tous enfans d'une même patrie comme les Athéniens, les Spartiates, les Corinthiens, les Macédoniens étaient tous enfans de la Grèce, puissiez-vous bientôt ne plus vous déshonorer par vos

guerres civiles et ne plus abandonner la glorieuse tâche
que vous a donnée la Providence de civiliser le reste
du monde? Hâtons le jour où l'Europe chrétienne
pourra accomplir sans entrave cette noble mission;
qu'il n'y ait plus dans son sein que de grands-Etats
trop puissans pour s'entre-détruire et dans l'heureuse
nécessité de porter leurs forces immenses et concen-
trées, leur courage et leur génie dans les autres parties
de l'univers; qu'ils soient forcés d'imiter l'Angleterre,
qui n'ayant plus rien à conquérir auprès d'elle a fait
de si grandes et si belles conquêtes, et a peuplé de si
vastes déserts dans les contrées lointaines; que ces
Etats aient tous une longue étendue de côtes, et qu'un
Cristophe Colomb, un Cortez, un Bougainville, un
Penn, un lord Clives puissent partir des provinces
centrales de l'Europe, déshéritée jusqu'ici de la plus
belle des gloires. Oui, j'en ai la conviction, la Russie
civilisera et peuplera le nord et l'intérieur de l'Asie;
l'Autriche, l'Italie, la France et l'Espagne, les côtes
de l'Afrique septentrionale; ces quatre puissances, ainsi
que la Prusse, l'Angleterre et la Suède, les autres parties du monde; un jour nos descendans verront les
immenses et glorieuses conquêtes de la raison sur la
brutalité, des lumières sur l'ignorance, du christia-
nisme sur de grossières superstitions, et l'Europe
tourmentée par une activité dévorante, souillée par
tant de vices, se purifiera elle-même en se livrant à
cette sainte et noble tâche.

L'ouvrage qu'on vient de lire était fait lorsque la révolution française de 1830 est arrivée.

Doit-elle hâter ou retarder l'accomplissement des faits que j'ai annoncés ?

Section I.

Il semble d'abord qu'elle doive l'amener très-promptement.

En effet.

La révolution de Belgique prouve que ce pays ne peut être hollandais, et comme il est impossible qu'il forme un Etat indépendant de quelque durée, il est français.

L'insurrection du royaume de Pologne avertit la Russie du peu d'intérêt qu'elle doit mettre à conserver la totalité de ce territoire dont le maintien dans l'obéissance absorbe beaucoup d'hommes et d'argent.

L'essor donné aux idées libérales a fait adopter en Angleterre le bill de réforme. Si l'aristocratie attaquée résiste, une guerre civile détruit l'influence anglaise sur l'Europe, car cette île ne peut avoir action au dehors qu'à l'aide d'une flotte nombreuse, et pour cette flotte il faut de l'ordre à l'intérieur, beaucoup d'argent et de temps, toutes choses impossibles dans une guerre civile. Si l'aristocratie se résigne à n'être plus, l'Angleterre perd également son influence ; il n'y aura plus la même suite, la même ténacité dans les projets ambitieux, la même concentration de toutes les forces de l'Etat. En résumé la puissance anglaise ébranlée ne pourra plus empêcher de conquêtes sur le continent.

Les interventions des grandes puissances en Belgique, en Hollande, en Italie, prouvent que les petits Etats ne sont déjà plus rien, puisqu'on fait leurs affaires sans eux, chez eux, malgré eux.

Enfin la révolution française, en réveillant toutes les passions de parti, porte l'atteinte la plus profonde à cet esprit de nationalité vanté partout et partout attaqué.

En France les partisans de la dynastie déchue, pour peu que la révolution devienne arbitraire et sanguinaire, désirent une invasion générale.

En Belgique et en Hollande, les partisans des Nassau sont disposés à bien recevoir l'armée prussienne qui viendra soumettre les révoltés, tandis que les révolutionnaires belges désirent une contre-invasion française.

En Portugal les miguélistes étaient prêts avant la mort de Ferdinand à solliciter une invasion des Espagnols pour les soutenir contre don Pédro.

Et d'un autre côté, en Italie, en Espagne, en Portugal, en Allemagne, et surtout en Pologne, les libéraux désirent l'invasion des Français et des Anglais pour les délivrer de leurs maîtres.

Ainsi la révolution de France semble devoir réaliser mes prévisions; mais cependant d'autres raisons paraissent annoncer un résultat contraire.

SECTION II.

L'agrandissement de la France, l'Autriche, la

Prusse et l'Espagne, et le maintien de la Russie à peu près dans ses bornes actuelles, voilà mon système ; or le résultat de la révolution sera probablement l'affaiblissement des quatre premières puissances et l'accroissement de la Russie.

Tous les gouvernemens de l'Europe, excepté le ministère anglais, voient le succès de cette révolution avec le plus vif déplaisir. Si la guerre générale n'éclate pas, c'est que la France l'évitera en restant dans ses limites actuelles. Même alors elle sera plus faible qu'avant cette révolution qui a créé dans son sein des élémens de guerre civile ; la Prusse et l'Autriche seront plus faibles également parce que la crainte de la contagion révolutionnaire les fera s'affaiblir du côté de la Russie de toutes les forces qu'elles porteront sur les frontières françaises. Elles surveillaient d'un œil inquiet le colosse russe, la révolution française les a jetées dans ses bras.

Mais il est probable que la révolution finira par amener une guerre générale.

Si la France est victorieuse, sans doute elle fera la conquête de la Savoie et de la rive gauche du Rhin ; mais alors l'Angleterre lui déclare sur-le-champ une guerre acharnée, que le ministère soit Wigh ou Tory, et, comme ces conquêtes auront été faites révolutionnairement, tout le parti contraire en Europe se coalisera pour les arracher à la France, ce sera la lutte de 1792 à 1815 à recommencer. D'ailleurs sur qui tomberont les coups de la France victorieuse ? sur la Prusse et l'Autriche. La Russie, au contraire, trop éloignée pour avoir rien à craindre, verra sa puissance relative augmenter beaucoup par l'affaiblissement de ses voisins.

Si la France est vaincue sera-t-elle partagée? Elle ne pourrait l'être que par ses voisins et non par la Russie si lointaine : mais que d'hommes, que d'argent pour maintenir dans l'obéissance les Français conquis! La totalité des forces de la Prusse, de l'Allemagne, de l'Autriche, du Piémont ne seraient occupées qu'à garder la France. Que ces Etats se la partagent et ils sont perdus, il n'y aura plus de véritable puissance sur le continent que la Russie.

Au lieu de partager la France, lui fera-t-on racheter son existence par d'énormes contributions de guerre? Alors elle sera fortement affaiblie, mais la Prusse et l'Autriche n'y gagneront rien, ni en territoire, ni même en argent, car les contributions, quelque énormes qu'elles soient, suffiront à peine pour cicatriser les plaies profondes que leur fera la France avant de succomber. La Russie seule y gagnera, ses armées vivant toujours sur un territoire étranger, allemand ou français, auront décidé des affaires de l'Europe; ses voisins affaiblis auront perdu de vue en se ruant sur la France le danger qu'elle-même leur fait courir, et le czar aura été encore une fois l'Agamemnon d'une ligue de rois.

Favorisera-t-on le déchirement de la France en plusieurs Etats? Mais s'il est un pays dont toutes les parties soient unies et fondues complètement ensemble, c'est la France. Ce morcellement du territoire serait en horreur aux Français, et il faudrait continuellement des armées étrangères pour les empêcher de se réunir sous un seul gouvernement. A la première guerre contre la Prusse et l'Autriche, la Russie se hâterait de favoriser cette réunion pour leur susciter un ennemi formidable, et alors la Prusse et l'Autriche étant attaquées, à l'orient

par les Russes, à l'occident par la nation française ir-
ritée, leur ruine serait inévitable ; mais au profit de
qui? de la Russie (1).

Dans tous les cas, vaincue ou victorieuse, la France,
obligée de porter toutes ses forces sur le Rhin et les
Alpes, perd Alger, et la noble espérance de civiliser
l'Afrique septentrionale, conçue par Napoléon aux
Pyramides et renouvelée par Charles X, est encore une
fois perdue.

SECTION III.

Mais la question de savoir si la révolution française
doit empêcher pour toujours l'accomplissement de mes
prévisions est placée plus haut.

Deux principes se disputent l'Europe.

L'un veut que le peuple se gouverne lui-même,
l'autre que le pouvoir gouvernemental soit concentré
dans les mains d'un monarque.

Si le premier triomphe, mon système n'est qu'une

(1) On ferait peut-être régner de nouveau sur les Français vaincus la
branche aînée des Bourbons. Mais si elle a été deux fois renversée du
trône, n'est-ce pas surtout parce qu'elle était revenue à la suite des baïon-
nettes étrangères? L'orgueil national n'avait point pardonné. Ramener
cette famille en faisant passer les Français sous les fourches caudines, c'est
lui préparer une troisième chute, c'est se mettre dans la nécessité d'em-
ployer une grande partie de ses forces à maintenir son ouvrage. Pour que
la famille déchue pût régner en France, il faudrait que son retour valût
plus que des victoires. Si les souverains triomphans rendaient en même
temps la Belgique entière à la France, alors l'orgueil national pardonne-
rait, et la Russie et l'Autriche se feraient en France des alliés fidèles au
lieu d'ennemis à mort. Mais cette idée choquerait trop les préjugés des
vainqueurs pour être jamais mise à exécution.

rêverie : les petits peuples voudront conserver leur nationalité ; et les grandes monarchies, bien loin de les conquérir, se dissoudront elles-mêmes, au moins toutes celles qui sont composées de races différentes réunies jadis par la force.

Si au contraire le principe monarchique triomphe, elles continueront, comme par le passé, la conquête de leurs faibles voisins.

Le résultat de cette grande lutte ne me paraît pas douteux.

Les idées, ou si l'on veut, les préjugés de l'immense majorité des Européens sont monarchiques ; pour que la minorité pût imposer son principe républicain, il faudrait faire mourir par la guerre un quart peut-être de la population de l'Europe. Ce principe, ne pouvant s'établir qu'à travers les plus effroyables malheurs, aurait chaque jour des amis de moins, des ennemis de plus, et en supposant même qu'il remportât les plus belles victoires, comme il aurait besoin du régime militaire pour se défendre et vaincre, il mourrait au milieu de son triomphe, un nouveau Napoléon naîtrait d'une nouvelle république. La guerre fortifierait au contraire le principe monarchique là où il existerait en le rendant indispensable.

D'ailleurs quel serait le résultat du principe républicain triomphant en Europe ? À moins de partager, comme dans la république romaine, les populations en races maîtresses et en races esclaves, il briserait l'unité de la plupart des États de l'Europe. Le magnifique édifice de l'empire russe serait ébranlé, Tartares, Cosaques, Sibériens, Suédois, Allemands, Polonais, voudraient avoir leur nationalité. La Bohême et l'Italie se sépareraient de l'Autriche; l'Autriche de la Hongrie; la Gallicie et la Transylvanie du reste de la monarchie; l'Irlande ne voudrait plus être anglaise, la Norwège, suédoise, le duché de Posen, prussien. Quel serait le patriote qui, en détruisant la royauté, voudrait dans ces Etats amener la dissolution, la ruine de sa patrie? Quel homme un peu éclairé voudrait faire renaître le chaos du moyen-âge, priver l'avenir de toute grande pensée, détruire l'influence providentielle de l'Europe sur l'univers en la morcelant en petites puissances retournant à la barbarie?

On cite, il est vrai, la grande république de l'Amérique septentrionale : mais l'expérience est bien nouvelle, ensuite n'est-il pas évident que les États-Unis forment une vaste république parce que les idées y sont républicaines, et que la race anglaise y domine et est sans comparaison la plus nombreuse. Supposez ce territoire peuplé à peu près en égale quantité d'Anglais, de Français et d'Allemands, avec leurs langues, leurs mœurs, leurs idées différentes, et de bonne foi l'union américaine aurait-elle une année d'existence? Concevez, si vous le pouvez, une assemblée délibérante où un député parlerait anglais, l'autre français, le troisième allemand.

D'ailleurs mettre en Europe un royaume en république c'est le dévouer à la conquête. La royauté concentre toutes les forces de l'Etat et les double, la république démocratique les divise et les gaspille. Que deviendrait l'Union américaine s'il se trouvait sur ses frontières, à cent lieues de Washington, un roi de Prusse, un empereur d'Autriche ou de Russie avec des armées permanentes de deux, trois, cinq cent mille

hommes? Supposons l'Europe couverte de républiques,
un seul grand Etat qui conserverait la monarchie suffi-
rait pour les conquérir ou du moins les forcer à revenir, dans l'intérêt de leur défense, à un pouvoir fort et
concentré et par conséquent à la monarchie.

Le principe monarchique triomphera donc en Europe et mes prévisions finiront par se réaliser; mais
mon ame n'est pas moins saisie de tristesse en pensant
que l'Europe avec toutes ses lumières est sur le point
de recommencer les guerres de parti si stériles, si
atroces, si sottes, au lieu d'accroître son bonheur et
de civiliser le monde.

FIN.